Adapté par Vanessa Portal
D'après *Zarafa*
un film de Rémi Bezançon et Jean-Christophe Lie

ISBN : 978-2-09-253644-5
N° éditeur 10187155 - dépôt légal : février 2012
Imprimé en France par Pollina - L60149

Zarafa

Nathan

Maki et Soula vivaient heureux dans
leur village au cœur de l'Afrique.
Mais un jour, ils sont capturés
par Moreno, un marchand d'esclaves.
Courageux, Maki pense aussitôt
à s'échapper.
- Soula, regarde : leurs chaînes sont
trop grosses pour nous...
chuchote-t-il, en dégageant
son petit pied du fer. Allez, viens !
Mais Soula a bien trop peur,
le garçon s'enfuit alors tout seul.
- Bonne chance, Maki...

Après une longue course,
à bout de souffle,
Maki se réfugie en haut d'un baobab
et s'y endort.

Le lendemain, une grande girafe découvre le garçon. À côté d'elle, se tient son girafon. Maki décide de l'appeler Zarafa. Ensemble, ils s'amusent à travers la savane, dans la rivière... et deviennent de vrais amis.
Mais le cruel Moreno retrouve la trace du jeune fugitif.
Comme la maman de Zarafa veut l'empêcher de s'emparer de Maki, il la tue d'un coup de pistolet.
Le petit garçon est maintenant à sa merci.

Un homme surgit : c'est Hassan, le seigneur du désert. Il déteste les esclavagistes.

– Lâche ton arme ! Laisse cet enfant tranquille et va-t'en !

– Un jour viendra où nos chemins se recroiseront, menace Moreno avant de s'enfuir.

Maki est sauvé. Seulement, Hassan a reçu l'ordre de capturer une girafe et de la ramener au pacha d'Égypte. Il attache donc une corde autour du cou du girafon et l'emmène avec lui. Attristé, Maki se fait un serment :

– Je veillerai sur toi, Zarafa, je te le promets !

Alors, à travers la savane jusqu'au désert
du Sahara, le petit garçon marche
sur les traces d'Hassan, de Bénur,
le dromadaire, et de Zarafa.
Là, d'immenses dunes de sable
se dressent à l'infini. Le soleil est brûlant.
Hassan et Bénur ont l'habitude
du désert, mais pas Maki.
Au bout de plusieurs heures,
il finit par s'écrouler, épuisé
et assoiffé. Une fois de plus,
Hassan le sauve. Il lui donne à boire,
à manger, l'installe sur Bénur
et la caravane repart.

La nuit tombe sur le désert.
Hassan s'endort près du feu.
Maki en profite pour délivrer Zarafa.
Mais le bédouin ouvre un œil :
– Si tu t'éloignes d'ici, tu vas te perdre.
À moins que tu ne retrouves
ton chemin dans les étoiles…
Maki lève les yeux vers le ciel, où brillent
des milliers de constellations.
Comment s'orienter ? Ni lui, ni Zarafa ne
le savent. Ils se résignent à rester.
– Dans le désert ou au milieu
de l'océan, si tu es perdu, interroge
le ciel, lui dit Hassan en souriant.

Le lendemain, tous reprennent la route.

Ils arrivent à une oasis où Mahmoud, un marchand nomade, a dressé sa tente.

- Mahmoud, il me faut du lait, lui demande Hassan.

- Du lait ? J'ai du lait. Mais... du lait comment ? Écrémé ? Pasteurisé ? Concentré ?

- Mahmoud... Du lait, juste du lait.

- D'accord, d'accord. Du lait, j'ai ! Mais... du lait de quoi ?

De brebis ? De vache ? De yack ? De lama ?

– Mahmoud ! Donne-moi du lait de chèvre pour la girafe ! s'impatiente Hassan.

– Du lait de chèvre... Ah. J'ai pas... Mais j'ai du lait de vache ! C'est kif-kif.

Mahmoud lui amène Mounh et Sounh, deux vaches sacrées du Tibet.

Mounh est argentée comme la lune, Sounh, dorée comme le soleil.

Hassan commence à traire Mounh mais aucune goutte de lait ne sort de sa mamelle.

Maki, lui, sait mieux s'y prendre et fait couler le lait de Sounh directement dans sa bouche.

– Hé Hassan ! Si tu ne sais pas comment traire une vache, interroge le ciel ! Ha ha ha !

La caravane reprend la direction d'Alexandrie où Hassan a rendez-vous avec le Pacha.
Ils passent devant les grandes pyramides d'Égypte, puis longent le Nil.
Ils aperçoivent une felouque qui descend le fleuve.
À son bord, Moreno surveille ses esclaves. Parmi eux, Maki aperçoit Soula, mais Hassan l'empêche de l'appeler.
C'est trop dangereux. En silence, ils regardent le bateau s'éloigner.

Le petit groupe arrive enfin à bon port. Le pacha d'Égypte les reçoit dans son palais.
Il leur explique la situation : les Turcs assiègent la ville. Alors, pour libérer Alexandrie des envahisseurs, il voudrait demander l'aide du roi de France. Et pour le convaincre, il lui offrira Zarafa.

– Votre Altesse, tout est bloqué par les navires turcs, dit Hassan. Mais il y a un autre moyen de quitter le port pour amener la girafe en France, ajoute-t-il, en se tournant vers Malaterre, son fidèle ami.

En effet, Malaterre possède un ballon et pourrait les aider à aller jusqu'à Paris, par les airs. Il leur suffirait de prendre «la route des oies».
S'ils réussissent à amener Zarafa au roi de France, l'Égypte sera sauvée !

Avant le départ, Hassan déclare que Maki doit rentrer chez lui ; le voyage qu'ils vont faire est bien trop dangereux pour un enfant.
Mais, encore une fois, Maki refuse d'abandonner son amie :
- J'ai promis de veiller sur Zarafa !
Malaterre, ému par le garçon, décide de l'aider :
- Nous allons te cacher dans le ballon, à l'intérieur d'une botte de foin.

L'heure du départ a sonné. Cap sur la France !

Le ballon de Malaterre décolle. Il s'élève dans les airs au-dessus des navires turcs.

Mais, trop chargé, il a du mal à prendre de l'altitude.

Mounh et Sounh, les vaches sacrées, décident de se sacrifier en sautant dans le vide.

Le ballon remonte enfin.

Et pour lâcher encore un peu de lest, Hassan jette par-dessus bord les bottes de foin.

- Non ! Pas le foin ! hurle Malaterre. Maki est caché dedans !

Trop tard...

Pendant ce temps,
sur son bateau, la belle Bouboulina,
capitaine des pirates les plus redoutés
de toute la Grèce, passe en revue
son équipage quand soudain :
– Des vaches tombent du ciel !
Mounh, Sounh et la botte de foin
dans laquelle s'était caché Maki
rebondissent sur les voiles
puis tombent sur le pont.
En découvrant le petit garçon,
Bouboulina se prend immédiatement
d'affection pour lui.

La traversée de la Méditerranée dure plusieurs jours. Un beau matin, Marseille apparaît enfin.

Sur le port où ils se ravitaillent, Hassan, Malaterre et Zarafa se retrouvent cernés par les hommes de Moreno.

- Où est le petit ? Il m'appartient ! crie le marchand d'esclaves.

- Il n'appartient à personne, réplique Hassan.

- Il est avec moi, retentit une voix féminine derrière eux. Approche si tu oses.

C'est Bouboulina. Son bateau vient juste d'accoster. Les pirates en descendent, pistolets aux poings.

Ils sont plus forts et plus nombreux. Les hommes de Moreno s'enfuient, penauds.

Le ballon est de nouveau prêt à s'envoler. Bouboulina dit au revoir à Maki et l'embrasse tendrement.

Les voyageurs vont repartir en direction de Paris.

– Alors tu vas vraiment donner Zarafa au roi de France ? demande le petit garçon, en colère, à Hassan.

Elle n'appartient à personne, elle non plus ! Elle devrait retourner chez elle, en Afrique.

– Sois raisonnable, Maki…

– Dès qu'on le pourra, Zarafa et moi, on s'enfuira !

Le ballon commence son long voyage à travers la France. Après la Provence, le voilà qui survole les Alpes. Brusquement, une tempête de neige éclate. Des rafales de vent secouent la nacelle, qui s'écrase sur la pente d'une montagne. Heureusement, tout le monde est sain et sauf. Mais alors que Malaterre et Hassan ont le dos tourné, Maki s'enfuit dans la forêt avec Zarafa.

Bientôt, autour d'eux, des grondements se font entendre. Entre les arbres, brillent des yeux inquiétants. Des loups ! Les bêtes féroces s'approchent et encerclent Maki et Zarafa. Au même moment, Mounh et Sounh surgissent pour défendre leurs amis.

Alertés par les cris, Hassan et Malaterre
se précipitent à leur rescousse.
Les loups finissent par prendre la fuite,
mais la courageuse Sounh est blessée
à mort.

La tempête s'est arrêtée.
Maki pleure son amie à chaudes larmes.
Hassan essaie de le réconforter.
– Ne sois pas triste, n'oublie pas
que c'est une vache sacrée.
Après sa mort, elle va se réincarner
dans un autre animal.
Quelques instants plus tard, apparaît
un papillon aux ailes dorées comme
le soleil. C'est bien Sounh !

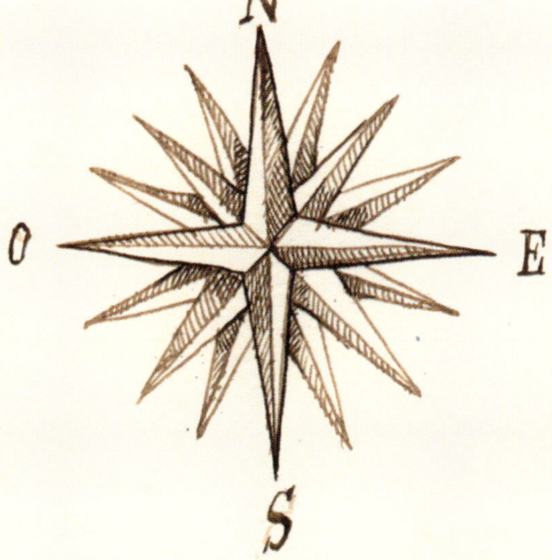

Tous reprennent la route
et traversent la France :
le Massif Central, les châteaux
de la Loire… et enfin : Paris.

Dans le zoo du Jardin des Plantes, le roi de France et ses courtisans découvrent Zarafa.
La foule est émerveillée. Personne dans le royaume n'a jamais vu de girafe auparavant.
- Alors, vous allez nous aider, Sire ? demande Hassan, plein d'espoir.
- Je n'ai aucune envie d'aller faire la guerre aux Turcs, déclare le roi. Dites à votre pacha que je ne peux rien pour lui. En revanche, je garde la girafe : un cadeau est un cadeau.
Maki regarde Zarafa, les yeux embués de larmes. Hassan aussi est triste, sa mission a échoué.

Partout, on ne parle plus que de Zarafa. La nouvelle finit par arriver aux oreilles de Moreno, revenu à Paris pour vendre ses esclaves. Il retrouve facilement Maki au Jardin des Plantes. Profitant d'un moment d'inattention d'Hassan, il enlève le petit garçon et le jette dans une cave. Maki est terrifié, mais une voix toute douce se fait entendre dans la pénombre :

- Maki... C'est toi ?

- Soula !

Après tant d'aventures, les deux enfants se retrouvent enfin.

À Paris, pendant ce temps,
on assiste à une vraie girafomania.
Au milieu de cette nouvelle mode,
Hassan et Malaterre parcourent
les rues de la ville, à la recherche
de Maki. Longtemps. Très longtemps.
En vain.

Moreno a fait de Maki son esclave personnel.

Briquer la maison, laver les sols, servir les repas, cirer les chaussures... devient son quotidien.

Quant à Soula, elle a été vendue à une autre famille, pour être leur esclave, elle aussi.

Mais un beau jour, alors qu'ils accompagnent leurs maîtres en visite, ils se retrouvent au Jardin des Plantes.

Ensemble, les deux enfants s'enfuient.

Soula et Maki courent droit devant, jusqu'à s'égarer dans les rues. Ils trouvent refuge dans une vieille halle.

– On est perdus ! dit Soula, inquiète.

À ces mots, Maki se souvient du conseil d'Hassan :

– Dans le désert ou au milieu de l'océan, si tu es perdu, interroge le ciel...

À travers la fenêtre, le petit garçon aperçoit soudain le ballon de Malaterre, flottant entre les nuages.

Soula, Maki, Malaterre et Hassan sont enfin réunis. Il ne manque plus que Zarafa. Tous volent en ballon jusqu'au zoo. Malheureusement, la girafe a bien trop grandi pour monter dans la nacelle avec eux. Ils ne pourront pas la ramener. Zarafa se penche vers son ami et lui dit ces mots :

– Maki, mon petit ange gardien…

– Mais… Mais tu parles ?

– Tu ne m'entends pas avec tes oreilles, mais avec ton cœur. Mon petit Maki, ce n'est pas moi que tu dois ramener en Afrique.

– Pas toi ? Mais qui alors ?

– Quelqu'un avec qui tu pourras fonder une famille.

La girafe regarde Soula.

Maki se tourne alors vers la fillette :

– Soula…

Mais voilà que l'abominable Moreno surgit derrière eux et se jette sur Maki.

– C'est la dernière fois que tu m'échappes ! hurle-t-il.

– C'est la dernière fois que tu tentes de capturer cet enfant ! dit Hassan en le maîtrisant.

Maki court vers le ballon qui décolle. Mais Moreno s'accroche aux cordages.

Les enfants lui mordent les doigts pour qu'il lâche prise.

Le marchand d'esclaves cède et tombe dans la fosse aux ours !

Le voyage de retour est long et rempli d'aventures. Mais ça, c'est une autre histoire. Ce qu'il faut savoir, c'est qu'en chemin, Hassan a décidé de rendre visite à Bouboulina, la belle pirate, sur son île en Grèce.
Il restera vivre auprès d'elle.

Soula et Maki, eux, ont retrouvé leur pays natal. Plus tard, ils fonderont une famille, puis un village, avec leurs enfants, et les enfants de leurs enfants.

À Paris, le Jardin des Plantes a accueilli
d'autres pensionnaires : un panda,
une autruche et... une girafe mâle.
Zarafa et son nouveau compagnon
vivront heureux dans cet enclos
car leurs cœurs, eux,
seront libres de s'aimer.